43 Recetas De Comidas Naturales Para Ayudarlo A Curar Infecciones Del Tracto Urinario: La Solución A Sus Problemas Libre De Medicinas

Por

Joe Correa CSN

DERECHOS DE AUTOR

© 2016 Live Stronger Faster Inc.

Todos los derechos reservados

La reproducción o traducción de cualquier parte de este trabajo, más allá de lo permitido por la sección 107 o 108 del Acta de Derechos de Autor de los Estados Unidos, sin permiso del dueño de los derechos es ilegal.

Esta publicación está diseñada para proveer información precisa y autoritaria respecto al tema en cuestión. Es vendido con el entendimiento de que ni el autor ni el editor están envueltos en brindar consejo médico. Si éste fuese necesario, consultar con un doctor. Este libro es considerado una guía y no debería ser utilizado en ninguna forma perjudicial para su salud. Consulte con un médico antes de iniciar este plan nutricional para asegurarse que sea correcto para usted.

RECONOCIMIENTOS

Este libro está dedicado a mis amigos y familiares que han tenido una leve o grave enfermedad, para que puedan encontrar una solución y hacer los cambios necesarios en su vida.

43 Recetas De Comidas Naturales Para Ayudarlo A Curar Infecciones Del Tracto Urinario: La Solución A Sus Problemas Libre De Medicinas

Por

Joe Correa CSN

CONTENIDOS

Derechos De Autor

Reconocimientos

Acerca del Autor

Introducción

43 Recetas De Comidas Naturales Para Ayudarlo A Curar Infecciones Del Tracto Urinario: La Solución A Sus Problemas Libre De Medicinas

Títulos Adicionales de Este Autor

ACERCA DEL AUTOR

Luego de años de investigación, honestamente creo en los efectos positivos que una nutrición apropiada puede tener en el cuerpo y la mente. Mi conocimiento y experiencia me han ayudado a vivir más saludablemente a lo largo de los años y los cuales he compartido con familia y amigos. Cuanto más sepa acerca de comer y beber saludable, más pronto querrá cambiar su vida y sus hábitos alimenticios.

La nutrición es una parte clave en el proceso de estar saludable y vivir más, así que empiece ahora. El primer paso es el más importante y el más significativo.

INTRODUCCION

43 Recetas De Comidas Naturales Para Ayudarlo A Curar Infecciones Del Tracto Urinario: La Solución A Sus Problemas Libre De Medicinas

Empezar una nueva dieta es una gran forma de ayudar a prevenir infecciones del tracto urinario que tenga y curar otros problemas de salud que podría haber pasado por alto. Es por ello que he creado estas deliciosas recetas que lo ayudarán a curar infecciones urinarias.

No tendrá que preocuparse por cocinar una cena saludable o un almuerzo para su familia porque he creado estos 43 fáciles platos que son deliciosos y simples, y tienen ingredientes maravillosos que lo ayudarán a deshacerse de esos problemas urinarios que está teniendo.

Los platos de este libro son exactamente eso: saludables y sabrosos. Son perfectos para una cena lujosa, pero puede usar estas recetas para comidas para su familia a lo largo del año.

Este libro le ayuda a crear algunos clásicos del desayuno como salmón ahumado para untar, arroz con leche, crema de palta y anacardo. También encontrará algunas ideas de batidos helados perfectas que puede probar.

Las recetas incluidas en este libro también proveen numerosas opciones para una variedad de ensaladas, desde lentejas a atún, y combinaciones de vegetales para que pueda complacer a todos en su mesa.

Este libro incluye muchos tipos de recetas como el fácil de hacer Filete de trucha a la plancha, Estofado de Vegetales, Pechuga de Pollo con Ajo y Perejil, y la mejor receta de trucha que es tan simple que la cocinará por años.

Y cuando se trata de cenas, le he dado recetas simples para comidas lujosas que son tan saludables para su tracto urinario que simplemente las adorará.

La vida se trata de ser saludable y la comida tiene mucho que ver con eso. Cuanto más saludable sea su comida, más feliz será la vida que tenga.

43 RECETAS DE COMIDAS NATURALES PARA AYUDARLO A CURAR INFECCIONES DEL TRACTO URINARIO: LA SOLUCIÓN A SUS PROBLEMAS LIBRE DE MEDICINAS

Recetas de Desayuno

1. **Paté de Salmón**

Ingredientes:

2 filetes de salmón (1 pulgada de espesor), sin piel ni hueso

½ cucharadita de romero seco

1/8 cucharadita de sal marina

¼ cucharadita de ají picante, molido

1 cucharada de jugo de limón fresco

Aceite de Oliva

Preparación:

Lave y seque los filetes de salmón. Córtelos en piezas del tamaño de un bocado y deje a un lado. Caliente el aceite de olive en una sartén grande y agregue los trozos de salmón. Cocine por diez minutos, revolviendo constantemente. Remueva del fuego y transfiéralo a una procesadora de comida.

Agregue 2 cucharadas de aceite de oliva, el jugo de limón, sal, ají picante y romero. Procese hasta que esté bien combinado. Sirva con vegetales frescos.

Información nutricional por porción: Kcal: 240, Proteínas: 20g, Carbohidratos: 1.2g, Grasas: 16g

2. Smoothie Desintoxicante

Ingredientes:

¼ taza de espinaca, cortada finamente

¼ taza de brócoli, cortada finamente

1 cucharada de nueces, molidas

1 cucharada de avellanas, molidas

2 tazas de agua

¼ cucharadita de jengibre, picado

A puñado de cubos de hielo

Preparación:

Combine los ingredientes en una batidora por 30 segundos. Sirva frío.

Información nutricional por porción: Kcal: 110, Proteínas: 17g, Carbohidratos: 7g, Grasas: 3g

3. Puré de Palta y Crema de Anacardo

Ingredientes:

2 huevos enteros

2 claras de huevo

1 cucharada de crema de anacardo

½ taza de leche descremada

1 palta madura, cortada en trozos

1 cucharada de hojas de menta fresca, cortada finamente

A pizca de sal

Preparación:

Hierva los huevos (10 minutos será suficiente). Remueva del fuego y déjelo enfriar.

Pele y corte los huevos. Aplaste con un tenedor. Separe las claras de las yemas.

Pele y corte la palta. Póngala en una mezcladora. Agregue la leche, huevos, claras de huevos, crema, sal y hojas de menta.

Mezcle bien por 30 segundos. Sirva frío.

Información nutricional por porción: Kcal: 187, Proteínas: 12.8g, Carbohidratos: 7g, Grasas: 4.5g

4. Smoothie de Tomate Fresco

Ingredientes:

1 taza de jugo de tomate fresco

2 tomates pequeños, pelados

1 cucharada de nueces

1 cucharada de miel

1 cucharada de semillas de sésamo

Preparación:

Ponga los ingredientes en una batidora y combine. Sirva frío.

Información nutricional por porción: Kcal: 111, Proteínas: 7g, Carbohidratos: 27g, Grasas: 0.8g

5. Arroz con Leche

Ingredientes:

2 tazas de leche descremada (puede usar leche de almendra para un sabor agregado)

½ taza de arroz

1 cucharada de nueces, cortada finamente

1 cucharada de avellanas, cortada finamente

¼ cucharadita de sal

1 cucharadita de canela, picado

½ cucharada de extracto de vainilla sin azúcar

Preparación:

En una cacerola mediana, hierva 2 tazas de leche. Agregue el arroz, las nueces, sal, extracto de vainilla y mezcle bien. Cocine por 10 minutos, o hasta que obtenga una textura cremosa. Mezcle un poco de canela y remueva del fuego. Déjelo enfriar en la nevera antes de servir.

Información nutricional por porción: Kcal: 158, Proteínas: 14g, Carbohidratos: 3g, Grasas: 2g

6. Salmón Ahumado Para Untar

Ingredientes:

1 taza de trozos de salmón ahumado

½ taza de almendras picadas

½ taza de perejil fresco

1 cucharadita de orégano

2 dientes de ajo, aplastados

2 cucharada de Aceite de Oliva

¼ taza de agua

1/8 cucharadita de sal

Preparación:

Simplemente combine todos los ingredientes en una procesadora de comida por 30 segundos. Sirva inmediatamente.

Información nutricional por porción: Kcal: 245, Proteínas: 41.3g, Carbohidratos: 2g, Grasas: 18g

7. Hamburguesas Magras de Lentejas

Ingredientes:

¾ taza de lentejas, remojadas

1 cebolla morada pequeña, pelada y cortada finamente

½ batata mediana, rallada

1 pimiento rojo pequeño, cortada finamente

2 rebanadas de pan de trigo sarraceno de grano entero

1.5 cucharada de harina de arroz

2 cucharada migas de pan

1 cucharadita semillas de chía

1 cucharadita de perejil, cortado finamente

½ cucharadita de pimienta de cayena

Sal y pimienta al gusto

Aceite para freír

Otros:

4 panes de hamburguesa de grano entero

1 tomate mediano, en rodajas

1 cebolla pequeña, en rodajas

Hojas de lechuga

Preparación:

Caliente dos cucharadas de aceite a fuego medio. Agregue la cebolla cortada finamente y revuelva hasta que se trasluzca. Agregue el pimiento cortado y continúe cocinando por unos minutos más hasta que ablande.

Remover del fuego y dejar a un lado.

Mientras tanto, cocinar levemente las lentejas (10 minutos debería ser suficiente). Colar y dejar enfriar.

Combine los ingredientes en un bowl. Use sus manos para formar las hamburguesas.

Caliente 4-5 cucharadas de aceite a fuego medio/alto. Freír las hamburguesas por 3-4 minutos de cada lado.

Sirva con tomate y cebollas en rodajas, y lechuga.

Información nutricional por porción: Kcal: 294, Proteínas: 16.4g, Carbohidratos: 59g, Grasas: 6g

8. Smoothie de Bayas Surtidas

Ingredientes:

1 puñado de bayas surtidas

1 cucharadita de Stevia

1 cucharadita de jengibre, molido

1 vaso de agua

Preparación:

Combine todos los ingredientes en una batidora y mezcle bien por 20 segundos. Sirva frío.

Información nutricional por porción: Kcal: 19 Proteínas: 0.5g, Carbohidratos: 7g, Grasas: 0g

9. Galletas de Vainilla Rápidas

Ingredientes:

1 ½ taza harina de coco

1 taza harina de arroz

¾ taza de Stevia en polvo

3 huevos

6 cucharada de miel (puede ser reemplazado por jarabe de agave)

2 cucharadita de polvo para hornear

1 cucharadita de canela

Preparación:

Precalentar el horno a 300 grados. Poner papel de hornear sobre una fuente. Dejar a un lado.

Combinar todos los ingredientes secos en un bowl grande. Batir gentilmente los huevos, la Stevia, miel y canela. Mezclar hasta tener una masa homogénea. Usando sus manos, dar forma a las galletas. Poner en la bandeja para hornear y cocinar por 10-15 minutos.

Remover del horno y dejar enfriar.

Información nutricional por porción: Kcal: 126 Proteínas: 1g, Carbohidratos: 17g, Grasas: 5.1g

10. Yogurt Helado de Cereza

Ingredientes:

1 taza de yogurt de cereza (puede ser reemplazado con yogurt vegano)

¼ taza de cerezas frescas

3-4 frutillas

2 cucharada de miel

Preparación:

Combinar los ingredientes en una licuadora y mezclar bien por 20 segundos. Servir en un vaso y refrigerar por 30 minutos. Servir frío.

Información nutricional por porción: Kcal: 110 Proteínas: 2g, Carbohidratos: 21g, Grasas: 1.5g

Recetas de Almuerzos

11. Hamburguesas con Cilantro y Ajo

Ingredientes:

2 tazas de lentejas, remojadas

3 dientes de ajo, molidos

½ taza de pan rallado (de pan de trigo)

¼ taza de queso Cheddar (recién rallado es mejor, pero use lo que tenga)

1 huevo batido

2 tazas de agua

½ taza de harina de arroz

Sal y pimienta a gusto

Preparación:

En un bowl mediano, haga puré las lentejas con un tenedor y luego mezcle con el ajo, pan rallado y queso cheddar. Forme las hamburguesas y deje a un lado.

Bata el huevo y el agua en un bowl, y la harina, sal y pimienta en otro bowl. Cubra cada hamburguesa con la mezcla de harina gentilmente, luego en el huevo, y nuevamente en la harina.

Caliente aceite en una sartén grande a fuego medio. Freír las hamburguesas hasta que se tornen marrones, alrededor de 2-3 minutos por lado.

Sirva en pan de trigo tibio o pan pita de grano entero, con cilantro, cebolla, tomates y cualquier otra cosa que le guste. Esto es opcional.

Información nutricional por porción: Kcal: 480, Proteínas: 38g, Carbohidratos: 36g, Grasas: 17g

12. Ensalada de Salmón Con Arroz

Ingredientes:

7 onzas arroz negro

5 onzas filete de salmón

4 cucharada de aceite de Oliva extra virgen

5 onzas tomates cherry, en mitades

1 cebolla mediana, cortada finamente

1 cucharada de menta fresca, cortada finamente

1 cucharadita de cúrcuma, picada

¼ cucharadita de sal marina

Preparación:

Poner el arroz en una olla profunda. Agregar tres tazas de agua y hervir. Cocinar por 15 minutos a fuego medio, revolviendo ocasionalmente. Remover del fuego y dejar enfriar un rato.

Usando un cepillo de cocina, esparcir el aceite de oliva sobre el filete de salmón. Rociar con un poco de sal y envolver en papel aluminio. Agregar más agua en una olla y poner el salmón en ella. Hervir y cocinar por 5 minutos. Remover el salmón y desenvolver. Dejar enfriar y cortar en pizas del tamaño de un bocado.

Combinar el salmón con el arroz, los tomates cherry, la cebolla trozada, menta y cúrcuma.

Sazonar con sal marina y aceite de oliva. Revolver para combinar y servir.

Información nutricional por porción: Kcal: 171, Proteínas: 20g, Carbohidratos: 17.8g, Grasas: 6g

13. Filete de Salmón Rojo

Ingredientes:

1 libra de salmón fresco, en rebanadas de 1 pulgada

½ taza de Aceite de Oliva

1 cucharada de ajo en polvo

½ cucharadita de sal marina

1 cucharada de perejil seco

2 cucharada de pimiento rojo picado

1 cebolla pequeña, trozada

Preparación:

Combinar el aceite de oliva, ajo en polvo, sal marina, perejil seco y el pimiento rojo picado en un bowl. Poner los filetes de salmón en él, cubrir y dejar marinar por una hora.

Precalentar el horno a 350 grados. Poner las rebanadas de salmón junto con la marinera en una fuente de horno pequeña. Cocinar por 35 minutos. Remover y servir con cebollas.

Información nutricional por porción: Kcal: 240 Proteínas: 58g, Carbohidratos: 0g, Grasas: 17g

14. Pechuga de Pollo Grillada

Ingredientes:

3.5 onzas pechuga de pollo, sin piel ni huesos

1 cucharada de orégano

Preparación:

Precalentar un grill antiadherente a fuego medio/alto. Cortar la pechuga en cubos del tamaño de un bocado. Agregar al grill y cocinar por 7-10 minutos. Puede agregar agua si es necesario.

Remover del grill y espolvorear orégano sobre el pollo.

Consejo para servir:

Sabe muy bien con salsa de jengibre.

¿Cómo preparar salsa de jengibre?

Ingredientes:

½ onza de raíz de jengibre, pelada y cortada

1 diente de ajo, aplastado

1 cucharada de jugo de limón fresco

1 cucharadita de vinagre de sidra de manzana

¼ taza de cebolla cortada

Preparación:

Combinar los ingredientes en una batidora y mezclar bien por 20 segundos. Mantener en la nevera por al menos 20 minutos antes de servir.

Información nutricional por porción: Kcal: 157 Proteínas: 30.8g, Carbohidratos: 0g, Grasas: 3.5g

15. Filetes de Lubina Chilena

Ingredientes:

3.5 onzas filetes de lubina frescos

½ limón, en rodajas

¼ taza de jugo de limón

1 cucharadita de romero seco, picado

1 cucharada de perejil fresco, cortado finamente

¼ cucharadita de pimienta

Preparación:

Lavar y limpiar el pescado. Secar y cortar por la mitad.

Combinar el jugo de limón, romero seco, perejil fresco y pimienta en un bowl grande. Remojar los filetes de pescado en esta marinera y dejar en la nevera por al menos 30 minutos (puede estar hasta dos horas).

Mientras tanto, precalentar el horno a 300 grados. Poner una hoja de cocción sobre una fuente de hornear y dejar a un lado.

Remover el pescado de la nevera y pasarlo a la fuente de hornear. Agregar un poco de la marinera y cocinar por 30 minutos.

Remover del horno, espolvorear con un poco de marinera y servir con rodajas de limón.

Información nutricional por porción: Kcal: 77 Proteínas: 11.5g, Carbohidratos: 0.2g, Grasas: 3.5g

16. Estofado de Cangrejo

Ingredientes:

1 taza of tomates en cubos tostados

4 onzas de carne de cangrejo congelada

1 cucharada de albahaca fresca

1 taza de caldo de pescado sin grasa

1 taza de agua

Pimienta a gusto

3 cucharada pasta de tomate casera

3 tallos de apio cortados

1 cebolla cortada finamente

4 dientes de ajo, aplastados

Preparación:

Calentar una sartén antiadherente a temperatura media. Agregar el apio, cebollas y dos cucharadas de agua. Revolver y cocinar por 10 minutos. Remover del fuego y transferir a una olla profunda. Agregar el remanente de ingredientes y cocinar por una hora a temperatura media.

Servir caliente.

Información nutricional por porción: Kcal: 177 Proteínas: 15g, Carbohidratos: 4g, Grasas: 0.5g

17. Sopa de Tomate con Apio

Ingredientes:

2 onzas de tomate, pelados and cortada en trozos

Pimienta negra picada a gusto

1 cucharada de apio, cortado finamente

1 cebolla en cubos

1 hoja de laurel

1 cucharada de albahaca fresca, cortada finamente

Agua fresca

Preparación:

Precalentar una sartén antiadherente a temperatura media/alta. Agregar las cebollas, apio y albahaca fresca. Espolvorear con pimienta y cocinar revolviendo por 10 minutos hasta que caramelice.

Agregar el tomate y ¼ taza de agua. Reducir el fuego al mínimo y cocinar por 15 minutos hasta que suavice. Agregar una taza de agua y hervir. Remover del fuego y servir con una hoja de laurel.

Información nutricional por porción: Kcal: 21 Proteínas: 0.7g, Carbohidratos: 4.9g, Grasas: 0.9g

18. Champiñones Grillados

Ingredientes:

3.5 onzas de champiñones

1 cucharadita de eneldo fresco

½ cucharadita de ajo en polvo

Preparación:

Precalentar una sartén antiadherente a temperatura media/alta. Limpiar, lavar y cortar cada champiñón por la mitad. Grillar por 5-6 minutos, o hasta que el líquido de los champiñones se evapore. Revolver constantemente. Remover los champiñones del fuego y poner en un plato para servir. Espolvorear con ajo en polvo y eneldo fresco. Servir caliente.

Información nutricional por porción: Kcal: 119 Proteínas: 22g, Carbohidratos: 1.5g, Grasas: 1.7g

19. Ensalada mézclum con mejillones

Ingredientes:

4oz mejillones frescos, limpios

1 onza cebolla, pelada y cortada finamente

1 diente de ajo, aplastado

5 cucharada de jugo de limón fresco

¼ taza de perejil fresco, cortado finamente

1 cucharada de romero, cortado finamente

1 onza de miramores (hierba de los canónigos)

1 onza de hojas de rúcula

1 tomate cherry mediano, para decoración

Sal marina a gusto

Preparación:

Enjuagar y escurrir los mejillones. Dejar a un lado.

Calentar una sartén antiadherente a temperatura media/alta. Pelar y cortar la cebolla. Reducir el calor a fuego medio y agregar la cebolla cortada, con aproximadamente ¼ taza de agua. Revolver hasta que esté crujiente. Ahora agregar los mejillones y el perejil cortado finamente. Cocinar por 20 minutos, sacudiendo la sartén regularmente. Cuando toda el agua se haya evaporado, agregar el ajo y el romero, y mezclar bien nuevamente.

En un bowl grande, combinar los mejillones con la hierba de canónigos. Agregar jugo de limón, espolvorear un poco de sal y decorar con un tomate cherry. Servir inmediatamente.

Información nutricional por porción: Kcal: 78 Proteínas: 17g, Carbohidratos: 6g, Grasas: 9g

20. Champiñones Thai con Jengibre

Ingredientes:

1 taza de queso Gouda, cortado en cubos

3 cucharada de salsa de jengibre

1 cucharada de aceite de Oliva extra virgen

2 cucharada de jengibre fresco, picado

2 dientes de ajo

2 cucharada de ajíes picantes molidos

½ taza de champiñones frescos

1 taza de pimiento verde, cortado

1 taza de judías verdes, cocinadas

2 cucharada de salsa teriyaki

¼ taza de agua

¼ taza de albahaca fresca, cortada

1 cebolla pequeña, pelada y en rodajas

2 tazas de arroz negro, hervido

Preparación:

Combinar todos los ingredientes en una sartén o wok antiadherente. Calentar el horno a temperatura media, y cocinar los ingredientes por 20 minutos, revolviendo constantemente.

Servir con arroz negro.

Información nutricional por porción: Kcal: 157 Proteínas: 30g, Carbohidratos: 29g, Grasas: 11.9g

Recetas De Cenas

21. Quinua Caliente y Judías Blancas

Ingredientes:

1 taza de Quinua, cocida

1 taza de judías blancas, cocidas

3 cucharada de avellanas, tostadas

½ taza de perejil fresco

1 cebolla pequeña, pelada y cortada

2 dientes de ajo

¼ cucharadita de sal

5 cucharada de aceite de oliva extra virgen

1 taza de champiñones, en rodajas

¼ taza de arándanos agrios, secos

Preparación:

Combinar las avellanas, perejil, sal y 3 cucharadas de aceite en una procesadora de comida. Mezclar bien por 30 segundos. Calentar el aceite restante en una sartén grande.

Agregar la cebolla y ajo cortados. Revolver y cocinar hasta que estén dorados. Agregar la quinua, judías blancas, champiñones y mezclar bien. Cocinar por 5 minutos más, hasta que el líquido se evapore. Remover del fuego y poner en un bowl. Agregar la mezcla de avellanas y ¼ taza de arándanos agrios.

Mezclar bien y servir caliente.

Información nutricional por porción: Kcal: 189 Proteínas: 26.9g, Carbohidratos: 39.6g, Grasas: 8.9g

22. Besugo Mediterráneo

Ingredientes:

2 libras de besugo fresco

½ taza de aceite de oliva extra virgen

1 limón entero, en rodajas

Ramitas de Romero

1 cucharada de menta seca, picado

3 dientes de ajo, aplastados

¼ cucharadita pimiento rojo

Sal a gusto

Preparación:

Lavar y limpiar el pescado. Cortar a lo largo y remover las entrañas. Combinar el aceite de oliva con la menta seca, dientes de ajo y pimiento rojo. Cepillar el pescado con la mezcla y rellenarlo con rodajas de limón y ramas de romero.

Precalentar un grill eléctrico y freír por 5-7 minutos de cada lado.

Información nutricional por porción: Kcal: 117 Proteínas: 17g, Carbohidratos: 0g, Grasas: 7.5g

23. Pechuga de Pollo Con Ajo y Perejil

Ingredientes:

1 pechuga de pollo grande, sin piel ni hueso, cortada en trozos de 1 pulgada de espesor

¼ taza de aceite de oliva extra virgen

3 dientes de ajo, aplastados

½ taza de hojas de perejil fresco

1 cucharada de jugo de lima fresco

Sal a gusto

Preparación:

Combinar el aceite de oliva con los dientes de ajo, el perejil, jugo de lima fresco y sal (1/4 cucharadita sería suficiente). Lavar y secar el pollo y cortar en trozos de 1 pulgada de espesor. Verter la mezcla de aceite de oliva sobre el pollo y dejar por 15 minutos.

Precalentar un grill a temperatura media. Agregar un poco de marinada al grill (2 cucharadas) y los filetes de pollo, y cocinar por 15 minutos.

Remover del fuego y servir con vegetales de su elección.

Información nutricional por porción: Kcal: 146 Proteínas: 33g, Carbohidratos: 0g, Grasas: 6.9g

24. Repollo Dulce Al Horno

Ingredientes:

8 onzas de chuletas de ternera

17 onzas de repollo dulce, rallado

1 cebolla pequeña, cortada finamente

1 diente de ajo, aplastado

1 taza de jugo de arándano fresco

¾ taza de pasta de tomate fresca

1 pimiento rojo mediano, en rodajas

½ sal

¼ cucharadita de pimienta negra picada

¼ cucharadita de ají picante

Aceite vegetal

Preparación:

Precalentar el horno a 350 grados. Poner un poco de aceite vegetal en una fuente de horno y poner las chuletas en ella. Cocinar por 20 minutos, o hasta que estén levemente carbonizadas.

Mientras tanto, calentar dos cucharadas de aceite en una sartén grande. Agregar la cebolla y el ajo. Revolver por 2-3 minutos, constantemente. Agregar el repollo, el pimiento, la pasta de tomate y el jugo de arándano. Tapar y reducir el calor. Cocinar por 20 minutos. Remover del fuego y dejar a un lado.

Remover las chuletas del horno y agregarles la mezcla de repollo. Sazonar con sal, pimienta negra y ají picante. Cubrir con papel aluminio y poner nuevamente en el horno. Cocinar por 30 minutos.

Servir.

Información nutricional por porción: Kcal: 118, Proteínas: 8.7g, Carbohidratos: 9.1g, Grasas: 5.4g

25. Hamburguesas de Batata y Guisantes

Ingredientes:

1 taza de guisantes verdes, cocidos

1 batata

½ taza de queso Parmesano

½ taza de pan rallado

½ cucharadita de sal,

¼ cucharadita de pimienta negra fresca

1 huevo

4 cucharada de Aceite de Oliva

Preparación:

Rebanar la batata en rodajas de 1 pulgada de espesor. Poner en una olla profunda y agregar suficiente agua para cubrir. Llevar a punto de hervor y cocinar hasta que ablanden, unos 10-15 minutos. Remover del fuego y colar. Dejar enfriar.

Transferir la batata a una procesadora de comida. Agregar los guisantes verdes y procesar hasta que se forme un puré suave. Remover, y agregar sal, un huevo y pimienta negra. Mezclar bien con un tenedor y formar las hamburguesas usando sus manos.

Calentar aceite de oliva en una sartén mediana. Remojar cada hamburguesa en pan rallado y cocinar por 3 minutos de cada lado. Cubrir con queso parmesano y servir.

Información nutricional por porción: Kcal: 365, Proteínas: 12.4g, Carbohidratos: 54.6, Grasas: 14.1g

26. Apio Pistón con Queso Gorgonzola

Ingredientes:

½ taza apio Pistón, cortado finamente

1 pera mediana, en rodajas

½ taza almendras tostadas

½ taza de queso Gorgonzola, en trozos

Para el aderezo:

1 naranja mediana, en jugo

3 cucharadita de rábano picante

2 cucharadita de miel

1 diente de ajo, aplastado

½ sal

¼ pimienta picada

2 cucharada de Aceite de Oliva

Preparación:

Combinar los ingredientes del aderezo en una jarra de vidrio con una tapa hermética. Trabar la tapa y batir bien para combinar. Dejar a un lado.

Poner la pera en rodajas en un plato de servir. Agregar el apio cortado, las almendras tostadas y el queso Gorgonzola. Sacudir para combinar.

Rociar con el aderezo y servir frío.

Información nutricional por porción: Kcal: 302, Proteínas: 4.5g, Carbohidratos: 21.3g, Grasas: 19.8g

27. Receta Simple de Langosta

Ingredientes:

1 langosta entera

¼ taza de aceite de oliva extra virgen

1 cucharada de pimiento rojo picado

½ cucharadita de sal marina

¼ cucharadita de pimienta negra

Preparación:

Lavar y cortar la langosta por la mitad. Precalentar el horno a 350 grados.

Mientras tanto, combinar el aceite de oliva con la sal marina, pimiento rojo picado y pimienta negra. Poner la langosta en una fuente de horno y rociar con la mezcla. Cocinar por 10 minutos, hasta que se dore. Servir caliente.

Información nutricional por porción: Kcal: 111 Proteínas: 20g, Carbohidratos: 0g, Grasas: 6g

28. Vegetales Tostados Con Cheddar Rallado

Ingredientes:

½ taza de remolacha, pelada y en cubos

½ taza de judías verdes, cocidas

½ taza de col de Bruselas, en trozos

½ taza de calabaza, pelada y en trozos

½ taza de zanahoria, en trozos

1 taza de tomates frescos, cortada en trozos

½ taza de tomates tostados

1 cebolla pequeña, en rodajas

½ taza de lentejas cocidas

2 dientes de ajo, molidas

1 taza de remolacha plateada cortada

Sal y pimienta a gusto

3 cucharada of Aceite de Oliva

1 taza de Cheddar rallado

Preparación:

Precalentar el horno a 350 grados. En un bowl grande, combinar la remolacha, judías verdes, col de Bruselas y calabaza. Agregar 1 cucharada de aceite de oliva y sal a gusto. Poner en una fuente de horno y cocinar por 20 minutos.

Mientras tanto, calentar el remanente de aceite en una cacerola mediana. Agregar las cebollas y zanahoria y cocinar por 5 minutos, revolviendo constantemente.

Agregar los tomates en cubos y la remolacha plateada. Sazonar con pimienta y hervir a fuego lento por 20 minutos.

Servir las lentejas con los vegetales tostados, tomate tostados y queso cheddar rallado.

Información nutricional por porción: Kcal: 195 Proteínas: 32g, Carbohidratos: 35g, Grasas: 10.9g

29. Muffins de espinaca

Ingredientes:

1 ½ taza de harina de trigo

½ taza de harina de arroz

1 cucharada de polvo para hornear

½ cucharadita de sal

1 taza de leche descremada

2 huevos

¼ taza de Aceite de Oliva

¼ taza de crema agria

¼ taza de espinaca, cocida

Moldes para muffins

Preparación:

En un bowl grande, combinar todos los ingredientes secos. Agregar gentilmente la leche y 2 huevos. Mezclar bien con una batidora eléctrica. Esto le dará una masa de muffin linda y suave. Agregar la espinaca y la crema a la masa y mezclar bien nuevamente. Formar los muffins usando el molde.

Precalentar el horno a 300 grados. Cocinar por 25 minutos.

Información nutricional por porción: Kcal: 174 Proteínas: 9g, Carbohidratos: 21g, Grasas: 7.8g

30. Trucha Thai

Ingredientes:

1 libra de trucha fresca

1 taza de caldo de pescado

½ taza de Aceite de Oliva

1 cucharada de cúrcuma picada

1 cucharada apio en trozos

2 dientes de ajo, aplastados

2 cucharada de jugo de lima fresco

¼ cucharadita de sal marina

1 taza de mezcla de vegetales Thai, para servir.

Preparación:

Lavar y limpiar el pescado. Secar y dejar a un lado.

Combinar el caldo de pescado con los otros ingredientes en una olla profunda. Hervir y agregar el pescado. Cocinar por 10 minutos.

Mientras tanto, calentar un grill a temperatura media. Remover el pescado de la olla y transferir al grill. Agregar ¼ taza de caldo de pescado y cocinar.

Servir con caldo de pescado y mezcla de vegetales Thai.

Información nutricional por porción: Kcal: 287 Proteínas: 34g, Carbohidratos: 9g, Grasas: 12g

Recetas de Ensaladas

31. Ensalada de ternera con Vegetales Frescos

Ingredientes:

1 libra de chuletas de ternera

1 tomate grande

1 pimiento verde grande

½ taza de repollo, rallado

2 cucharada of Aceite de Oliva

sal

Preparación:

Calentar el aceite de oliva a temperatura media. Cocinar las chuletas por 10 minutos de cada lado. Remover del fuego y absorber el exceso de aceite con papel de cocina. Cortar la carne en trozos del tamaño de un bocado y combinar con los vegetales en un bowl grande. Agregar sal a gusto y servir.

Información nutricional por porción: Kcal: 247 Proteínas: 44g, Carbohidratos: 14g, Grasas: 17g

32. Ensalada de Atún Casera

Ingredientes:

1 (12onzas) filete de atún

¼ taza de cebolla de verdeo, en trozos

4 cucharada de aceite de oliva extra virgen

¼ cucharadita de sal marina

¼ cucharadita de ají picante

1/8 cucharadita de pimienta blanca, picada

1 cucharada de jugo de limón fresco

Preparación:

Calentar dos cucharadas de aceite de oliva extra virgen a temperatura media/alta. Sazonar el filete de atún con ají picante, pimienta blanca y sal. Cocinar por 5 minutos de cada lado.

Remover y dejar enfriar. Cortar el filete en trozos pequeños y combinar con la cebolla de verdeo. Agregar 2 cucharadas de aceite de oliva y rociar con jugo de limón fresco.

Información nutricional por porción: Kcal: 212 Proteínas: 30g, Carbohidratos: 0g, Grasas: 11g

33. Ensalada de Lechuga y Tomate

Ingredientes:

2 onzas tomate, cortado en trozos

1 onzas lechuga, cortada finamente

1 cucharadita de vinagre de sidra de manzana

¼ cucharadita de sal marina

½ cucharada de Aceite de Oliva extra virgen

Preparación:

Combinar los vegetales en un bowl. Sazonar con vinagre de sidra de manzana. Servir.

Información nutricional por porción: Kcal: 19 Proteínas: 1g, Carbohidratos: 7g, Grasas: 7g

34. Ensalada de Pollo

Ingredientes:

3 mitades de pechuga de pollo, sin piel ni hueso

1 taza de lechuga en trozos

1 cebolla mediana, peladas y en rodajas

5 tomates cherry

2 cucharada crema baja en grasas

1 cucharada de Aceite de Oliva

1 cucharadita de perejil en trozos

1 cucharada de aceite de oliva extra virgen

1 cucharadita de ají picante molido

1 cucharada de jugo de limón

Sal a gusto

Preparación:

Cortar las mitades de pechuga en cubos pequeños. Mezclar el aceite de oliva, perejil, ají picante y el jugo de limón. Poner los cubos de pollo en una fuente de horno, rociar con la marinada de ají y cocinar a 350 grados por 30 minutos. Remover del horno.

Mientras tanto, mezclar los tomates cherry con la lechuga, cebolla y crema baja en grasas. Agregar los cubos de pollo y sazonar con sal y aceite de oliva.

Información nutricional por porción: Kcal: 187 Proteínas: 21.4g, Carbohidratos: 7g, Grasas: 2.5g

35. Ensalada de Rúcula con Frambuesas

Ingredientes:

2 onzas de rúcula fresca

1 naranja, pelada y seccionada

5-6 frutillas frescas

¼ taza de arándanos agrios frescos

1 cucharada de miel

3 cucharadas de jugo de lima fresco

5 cucharadas de jugo de naranja fresco

¼ cucharadita de canela en polvo

Preparación:

Mezclar una cucharada de miel con jugo de lima y naranja, y la canela en polvo.

Remojar cada pieza de fruta en esta mezcla y transferir a un plato para servir. Agregar la rúcula fresca y mezclar bien. Servir frío.

Información nutricional por porción: Kcal: 72 Proteínas: 3g, Carbohidratos: 19g, Grasas: 3.7g

36. Ensalada de Cebolla de Verdeo

Ingredientes:

3 cebollas de verdeo, cortadas finamente

¼ taza de maíz dulce

1 cucharada de jugo de lima fresco

2 cucharada de aceite vegetal

¼ cucharadita de sal

Preparación:

Para preparar las cebollas necesitará sacar las raíces y cualquier hoja externa. Agregar dos cucharadas de aceite y esperar un minuto hasta que se ablanden. Transferir a un bowl y combinar con el maíz dulce. Rociar con jugo de lima fresco y servir.

Información nutricional por porción: Kcal: 122 Proteínas: 3.5g, Carbohidratos: 21g, Grasas: 7g

37. Ensalada de Frijoles Colorida

Ingredientes:

1 taza de frijoles cocidos

½ taza de maíz dulce

3 cebolla de verdeo, en trozos

¼ ají picante chico, cortada finamente

¼ cucharadita de cilantro

½ cucharadita de vinagre de vino

1 cucharadita de jugo de limón fresco

3 cucharada de aceite de oliva extra virgen

Una pizca de sal

Preparación:

En un bowl pequeño, combinar el aceite de oliva con el vinagre de vino, jugo de limón fresco, cilantro y una pizca de sal. Mezclar bien y usar para sazonar los otros ingredientes. Servir.

Información nutricional por porción: Kcal: 220 Proteínas: 24g, Carbohidratos: 32g, Grasas: 11g

38. Ensalada de Espinaca Tierna

Ingredientes:

1 taza de tomates cherry

½ taza de queso Dziugas, en rodajas

½ taza de espinaca tierna

1 naranja pequeña

1 cucharada de queso parmesano

Hojas de perejil

1 cucharadita de jugo de limón fresco

Preparación:

Combinar los ingredientes en un bowl grande y agregar el jugo de limón. Mezclar bien y servir.

Información nutricional por porción: Kcal: 131 Proteínas: 20.5g, Carbohidratos: 18g, Grasas: 14g

39. Ensalada Púrpura

Ingredientes:

1 pieza de pechuga de pavo, sin piel ni hueso

2 huevos

1 taza de repollo colorado, rallado

1 tomate mediano

½ taza de aceitunas

1 taza de cebolletas, en trozos

Alcachofas

Maíz tierno

2 cucharadas de aceite de oliva

2 cucharada de aceite vegetal

Sal a gusto

1 cucharada de jugo de limón fresco

Preparación:

Lavar y secar la carne con papel de cocina. Cortar en piezas de 1 pulgada de espesor. En una sartén grande, calentar el aceite vegetal. Cocinar los trozos de pavo por 10 minutos. Remover del fuego y sacar el exceso de jugo con papel de cocina. Transferir a un bowl grande.

Mientras tanto, hervir los huevos por 7-8 minutos. Remover del fuego, colar y pelar. Cortar en rodajas.

Agregar los ingredientes remanentes al bowl y mezclar bien. Sazonar con sal y jugo de limón fresco.

Información nutricional por porción: Kcal: 186 Proteínas: 42g, Carbohidratos: 38g, Grasas: 17g

40. Ensalada de Maíz Dulce y Atún

Ingredientes:

2 tazas de atún sin aceite

½ taza de maíz dulce

½ taza de frijoles rojos

1 cebolla pequeña

¼ cucharadita de pimienta negra picada

¼ cucharadita de sal marina

1 cucharada de Aceite de Oliva

1 cucharada de jugo de limón

Preparación:

Pelar y cortar la cebolla en trozos pequeños. Combinar con el atún y maíz dulce. Mezclar bien. Agregar los frijoles rojos y pimienta negra. Sazonar con aceite de oliva, sal y jugo de limón. Mantener en la nevera por 20-30 minutos antes de servir.

Información nutricional por porción: Kcal: 287 Proteínas: 31.7g, Carbohidratos: 12.8g, Grasas: 16g

Recetas de Postres

41. Torta de chocolate con frutillas

Ingredientes:

1 taza of harina de coco

½ taza harina de almendra

3 cucharadita polvo de hornear sin grano

3 tazas leche de coco

2 bananas grandes, en puré

1 taza de polvo de cacao

5 cucharadas de jarabe de agave

3 cucharaditas de extracto de vainilla

2 onzas de frutillas frescas, en trozos

Preparación:

Precalentar el horno a 350 grados. Usar una fuente de hornear pequeña (8x8 pulgadas) y poner papel de hornear en ella.

Mezclar todos los ingredientes secos en un bowl grande. Agregar jarabe de agave, las bananas en puré, extracto de vainilla y agregar lentamente la leche de coco. Ahora agregar los trozos de frutillas y mezclar nuevamente con una cuchara.

Verter la mezcla en la fuente de hornear y cocinar por 45 minutos. Remover del fuego y dejar enfriar antes de servir.

Información nutricional por porción: Kcal: 487 Proteínas: 35g, Carbohidratos: 45g, Grasas: 24g

42. Brownies de chocolate

Ingredientes:

1 taza de harina

¼ taza de aceite vegetal

½ taza de azúcar negra

¼ taza harina de coco

¼ taza de cacao

1 banana grande, en puré

2 cucharaditas de polvo de hornear

¼ taza de aceite de coco

Preparación:

Mezclar los ingredientes en un bowl grande usando una batidora eléctrica. Precalentar el horno a 350 grados. Poner papel de hornear en una fuente para horno. Dar forma a las galletas usando moldes.

Cocinar por 15 minutos.

Información nutricional por porción: Kcal: 243 Proteínas: 2.7g, Carbohidratos: 39g, Grasas: 10.1g

43. Postre de Chocolate sin lácteos

Ingredientes:

2 (15 onzas) tazas de leche de coco

½ taza de azúcar

1 cucharadita de extracto de vainilla líquido

1 cucharadita de extracto de frutilla líquido

¼ cucharada de sal

2 cucharadas de almidón de maíz

Chispas de chocolate

Galletas de chocolate, aplastadas

Preparación:

Combinar la leche de coco, azúcar, sal y almidón de maíz en una cacerola mediana. Llevar a punto de hervor, a fuego medio. Cocinar por 5 minutos revolviendo constantemente. Remover del fuego y dejar enfriar en la nevera.

Dividir la mezcla a la mitad. Agregar una cucharadita de extracto de vainilla en una mitad, y una cucharadita de extracto de frutilla en la otra. Mezclar bien con batidora eléctrica.

Agregar galletas de chocolate molidas y chispas de chocolate. Servir frío.

Información nutricional por porción: Kcal: 109 Proteínas: 0.3g, Carbohidratos: 17.8g, Grasas: 0.6g

OTROS TITULOS DE ESTE AUTOR

70 Recetas De Comidas Efectivas Para Prevenir Y Resolver Sus Problemas De Sobrepeso: Queme Calorías Rápido Usando Dietas Apropiadas y Nutrición Inteligente

Por

Joe Correa CSN

48 Recetas De Comidas Para Eliminar El Acné: ¡El Camino Rápido y Natural Para Reparar Sus Problemas de Acné En 10 Días O Menos!

Por

Joe Correa CSN

41 Recetas De Comidas Para Prevenir el Alzheimer: ¡Reduzca El Riesgo de Contraer La Enfermedad de Alzheimer De Forma Natural!

Por

Joe Correa CSN

70 Recetas De Comidas Efectivas Para El Cáncer De Mama: Prevenga Y Combata El Cáncer De Mama Con una Nutrición Inteligente y Alimentos Poderosos

Por

Joe Correa CSN

www.ingramcontent.com/pod-product-compliance
Lightning Source LLC
Chambersburg PA
CBHW052122070526
44586CB00016B/2036